Sou
Uber
E agora?

Sumário

relacionados à sua habilitação e seguro do veículo, além de passar por uma verificação de antecedentes criminais.

Após a aprovação, você estará pronto para começar a dirigir e ganhar dinheiro como motorista do Uber.

A flexibilidade de horários é uma das principais vantagens dessa atividade, permitindo que você trabalhe quando e onde quiser.

Há 3 requisitos que você deve ter antes de continuar lendo esse livro e antes de instalar o aplicativo e antes de ligar a chave do seu carro para trabalhar nessa profissão. Você deve possuir esses três requisitos básicos: "Gostar de dirigir", "Ser Paciente" e "Ter empatia". Sem esses requisitos, procure outra profissão porque para ser motorista de aplicativo você não serve.

1.3 Benefícios e desafios de ser um motorista do Uber

Ser um motorista do Uber oferece uma série de benefícios, mas também apresenta desafios únicos. Vamos explorar ambos os aspectos para que você possa tomar uma decisão informada sobre se tornar um motorista do Uber.

Um dos principais benefícios de ser um motorista do Uber é a oportunidade de ganhar dinheiro. Você pode definir seus próprios horários e trabalhar quantas horas quiser por dia.

Além disso, o pagamento é feito diretamente na sua conta bancária, proporcionando conveniência e agilidade no recebimento dos seus ganhos.

Outro benefício significativo é a interação com pessoas diferentes todos os dias. Como motorista do Uber, você terá a chance de conhecer pessoas interessantes e ouvir suas histórias enquanto as transporta pela cidade. Essa experiência pode ser enriquecedora e gratificante, além de proporcionar networking e oportunidades profissionais.

No entanto, também existem desafios associados à atividade de motorista do Uber. O trânsito intenso pode ser estressante e exigir
habilidades avançadas de direção defensiva. Além disso, lidar com passageiros difíceis ou situações inesperadas pode ser desafiador emocionalmente.

É importante estar preparado para esses desafios e desenvolver habilidades de comunicação eficazes para lidar com diferentes tipos de passageiros. O Uber oferece suporte e recursos para ajudar os motoristas a enfrentarem essas situações, mas é fundamental estar preparado e disposto a aprender e se adaptar.

Outro ponto fundamental é "encare seu carro como seu negócio, como sua lojinha, porque o princípio da gestão é o mesmo. Você terá que definir seu capital de giro, conhecer suas despesas fixas e variáveis, sua rentabilidade e o padrão do seu cliente.

Se você pensa que basta ligar o aplicativo, encher o tanque do carro e sair por aí, lamento você não via dar certo nessa profissão.

Capítulo 2

Maximizando seus ganhos no Uber

2.1 Estratégias para atrair mais passageiros

Bem-vindo ao segundo capítulo do livro "Sou Uber, e agora?". Neste capítulo, vamos explorar estratégias eficazes para atrair mais passageiros e aumentar seus ganhos na plataforma Uber. Como motorista, é fundamental entender como se destacar em um mercado competitivo e garantir que você esteja sempre ocupado.

Uma das primeiras estratégias que você pode adotar é aprimorar sua classificação como motorista. Os passageiros confiam nas avaliações dos motoristas antes de solicitar uma viagem, então é essencial manter uma boa reputação. Certifique-se de ser educado, profissional e pontual em todas as suas interações com os passageiros. Além disso, mantenha seu veículo limpo e confortável para proporcionar uma experiência agradável aos seus clientes.

Para maximizar ainda mais suas chances de atrair passageiros, considere trabalhar em áreas movimentadas da cidade ou em eventos especiais. Festivais, shows e eventos esportivos costumam gerar uma demanda maior por transporte, o que pode resultar em mais viagens para você.

Fique atento aos horários de pico e planeje sua rota de acordo com as áreas onde a demanda é maior.

É IMPORTANTE que você crie uma área de atuação e se mantenha fiel a ela, com a prática nessa região você vai conhecer os detalhes de deslocamento dos passageiros o que vai permitir que você consiga corridas lucrativas.

Uma dica simples e importante é "aceite corridas somente para locais que te gerem mais corridas".

2.2 Dicas para aumentar a eficiência e reduzir os custos

Agora que discutimos como atrair mais passageiros, vamos nos concentrar em como aumentar sua eficiência como motorista do Uber. A eficiência é essencial para maximizar seus ganhos e reduzir os custos operacionais.

Uma das principais dicas para aumentar sua chance de sucesso é **"ENCARE SEU CARRO COMO SUA LOJINHA"**, os princípios de gestão são os mesmos: capital de giro, custo fixo, custo variável, rentabilidade, conhecer seu cliente, etc.

Para deixar mais claro, compreenda o seguinte:

- Capital de Giro: O valor de combustível que utiliza para rodar diariamente, defina um valor e seja fiel a ele. Esse será seu parâmetro para gestão do seu negócio.

- Custo fixo: São despesas regulares e recorrentes como troca de óleo, pneus, amortecedores, paletas, lava-rápido, odorizadores, alimentação, seguro, impostos, etc... Coloque tudo no papel, esse é seu custo operacional. Essa programação é importante para manter seus custos sob controle.

- Custo variável: São despesas inesperadas, extraordinárias. Manutenções urgentes e corretivas, multas, pneus furados, quebra de espelhos ou vidro, etc. São despesas Não recorrentes e eventuais, mas que devem ser levadas em consideração.

- Depreciação do veículo: 99,99% das pessoas levam esse item em consideração. Seu veículo deprecia até mesmo parado. Leve em consideração uma porcentagem de 5% anual de depreciação sob o valor de compra do seu veículo anualmente. É importante levar em consideração esse item porque ele vai te balizar em dois momentos, o de compra e onde venda do veículo.

Para aumentar a eficiência de suas corridas, não confiem 100% nos aplicativos de rota como Waze, Maps, etc. Antes de sair para ir buscar o passageiro, como para ir levar o passageiro ao seu destino valide aquele caminho observando as opções de rota nesses aplicativos e a rota criada no aplicativo da Uber, 99, Lyft, etc. Você vai se surpreender com os caminhos enormes que esses aplicativos criam para ganhar apenas 1 ou 2 minutos no tempo de deslocamento. Eles não estão preocupados com seu consumo de combustível.

Agrupar viagens próximas geograficamente para minimizar o tempo ocioso entre as corridas é uma excelente forma de aumentar seus ganhos. Por isso é importante você delimitar uma região de trabalho e conhece os perfis de corridas dentro dessa região.

Outra estratégia importante é manter seu veículo em boas condições. Realize a manutenção regularmente, verificando os pneus, óleo e fluidos regularmente. Um veículo bem cuidado não apenas garante a segurança dos passageiros, mas também evita problemas mecânicos inesperados que podem afetar sua disponibilidade como motorista.

Além disso, considere investir em um veículo econômico em termos de consumo de combustível. Isso ajudará a reduzir seus custos operacionais a longo prazo. Pesquise sobre modelos de carros que sejam conhecidos por sua economia de combustível e faça uma escolha inteligente ao adquirir ou alugar um veículo para trabalhar como motorista de aplicativo. Além dessas recomendações é importante você entender que não está em uma pista de corrida, que cada aceleração mais intensa, mais forte é mais gasto de combustível, consequentemente menos corridas e menos corridas tem uma consequência: "MENOS DINHEIRO".

2.3 Como lidar com situações desafiadoras no trânsito

Como motorista do Uber, você inevitavelmente enfrentará situações desafiadoras no trânsito. É importante estar preparado em saber como lidar com essas situações de forma segura e profissional.

Uma das principais dicas é manter a calma, ser paciente, em todas as circunstâncias. O trânsito pode ser estressante, especialmente durante horários de pico, mas é fundamental manter a compostura para garantir a segurança dos passageiros e evitar conflitos desnecessários.

"LEMBRE-SE, DENTRO DO VEÍCULO, O BEM ESTAR E A SEGURANÇA SÃO DE SUA RESPONSABILIDADE."

Além disso, esteja sempre atento às regras de trânsito e siga-as rigorosamente. Isso inclui respeitar os limites de velocidade, sinalizar corretamente ao fazer conversões e ceder a passagem quando necessário. Com essa atenção você evita outro gasto que pesa muito, as multas.

Em caso de acidentes ou incidentes no trânsito, siga os procedimentos adequados conforme o bom senso e pela lógica aja como um ser humano e não como um animal irracional.

Acione imediatamente via aplicativo a plataforma e informe sobre o ocorrido. Forneça informações precisas sobre o fato. Mantenha-se em contato com a equipe de suporte do aplicativo para obter assistência adicional, se necessário.

Lidar com passageiros difíceis também pode ser um desafio no trabalho como motorista de aplicativo. Nesses casos, mantenha uma postura profissional e tente resolver qualquer problema ou conflito da melhor maneira possível. É importante acionar a gravação de voz para todas as corridas para que você possa validar sua versão dos fatos.

O assédio é um dos problemas que os motoristas de aplicativos enfrentam. Nesses casos, em primeiro lugar deve se manter a calma. Qualquer ação violenta além de perder a razão o motorista pode ser acusado de crime de ódio, preconceito, homofobia, etc. Assim que o passageiro descer do veículo entre em contato com o suporte do aplicativo para denunciar e obter orientações adicionais sobre como lidar com essas situações específicas.

Lembre-se sempre de ativar os meios de gravações disponíveis nos aplicativos voz ou imagem para garantir a veracidade de sua versão. Um detalhe não adianta ativar esses meios e andar com som alto, isso irá atrapalhar o áudio da gravação.

Em resumo, este capítulo abordou estratégias para atrair mais passageiros, dicas para aumentar a eficiência e reduzir os custos, e como lidar com situações desafiadoras no trânsito. Espero que essas informações sejam úteis para você maximizar seus ganhos como motorista de aplicativo.

Capítulo 3

Segurança no Uber

3.1 Garantindo a segurança dos passageiros

A segurança dos passageiros é uma das principais preocupações dos aplicativos tanto para passageiros, como para motoristas. As empresas implementam diversas medidas para garantir que os usuários, passageiros e motoristas, tenham uma experiência segura e confiável ao utilizar o serviço.

Uma das principais medidas de segurança adotadas pelos aplicativos é a verificação de antecedentes criminais de todos os motoristas parceiros. Antes de serem aceitos na plataforma, os motoristas são submetidos a uma rigorosa checagem de antecedentes, que inclui a análise de registros criminais, histórico de condução e outras informações relevantes.

Além disso, aos aplicativos também utiliza tecnologia avançada para monitorar as viagens em tempo real. Isso significa que tanto o motorista quanto o passageiro podem compartilhar sua localização em tempo real com amigos ou familiares, proporcionando uma camada extra de segurança.

O reconhecimento facial também veio agregar mais segurança as plataformas e é fundamental para garantir a segurança de motoristas e passageiros.

Outra medida importante é o sistema de avaliação mútua entre motoristas e passageiros. Após cada viagem, tanto o motorista quanto o passageiro têm a oportunidade de avaliar sua experiência. Essas avaliações ajudam a identificar comportamentos inadequados ou problemas recorrentes, permitindo que os aplicativos tomem as medidas necessárias para garantir a segurança e qualidade do serviço.

Para garantir ainda mais a segurança dos passageiros, é recomendado que eles sempre verifiquem as informações do veículo e do motorista antes de entrar no carro. O aplicativo fornece detalhes como modelo do carro, placa e foto do motorista, permitindo que os passageiros confirmem se estão entrando no veículo correto.

Um hábito importante para a segurança dos motoristas de aplicativos é perguntar o nome do passageiro e o seu destino. Primeiro para garantir se o passageiro é o mesmo que solicitou a corrida e verificar se o destino está correto.

3.2 Medidas de segurança para o motorista do Uber

Assim como os passageiros, os motoristas também contam com medidas de segurança para garantir sua proteção enquanto estão trabalhando. Os aplicativos, de um período para cá, se preocupam em oferecer um ambiente seguro e confiável para seus parceiros.

Uma das principais medidas de segurança para os motoristas é a possibilidade de visualizar informações sobre o passageiro antes de aceitar uma corrida. O aplicativo fornece detalhes como nome, foto e avaliação do passageiro, permitindo que o motorista tome a decisão sobre aceitar ou não a solicitação de acordo com sua avaliação.

O sistema avançado de pagamento eletrônico, elimina a necessidade de lidar com dinheiro em espécie. Isso reduz consideravelmente o risco de assaltos ou roubos durante as viagens.

Uma dica importante é; "DESABILITE CORRIDAS EM DINHEIRO E PAGAS COM MAQUINHIAS DE DÉBITO/CRÉDITO. Isso vai salvar sua vida, além de evitar calote. Sua melhor opção sempre será realizar corridas pagas diretamente nos aplicativos.

Outra medida importante é a opção de compartilhar a rota da viagem com amigos ou familiares. Dessa forma, caso ocorra algum problema durante a corrida, outras pessoas estarão cientes da localização do motorista e poderão prestar auxílio, se necessário.

Os aplicativos também oferecem suporte 24 horas por dia, 7 dias por semana, para seus motoristas. Em caso de emergências ou situações de risco, os motoristas podem entrar em contato com a equipe de suporte para obter assistência imediata.

Abaixo listamos 17 protocolos de segurança para o motorista de aplicativo. Isso irá ajudar a você novato ou não a melhorar sua segurança nas ruas:

1 - Aceite apenas corridas com o cartão cadastrado; Outras formas como dinheiro, pix ou nas máquinas de débito te deixam extremamente vulnerável.

2 - Sempre questionar o nome do passageiro ao entrar no veículo e o destino; Ex.: "Qual o seu nome por favor? E qual o seu destino?"

    2.1 - Não confirmar o nome do passageiro perguntando a ele o nome que mostra no aplicativo. Ex.: "Você é fulano?"

3 - Ao parar o veículo para aguardar o passageiro, observe ao redor, não puxe o freio de mão e mantenha o motor ligado. Dica: "Veja no caminho do embarque as rotas de retorno e fuga."

4 - Manter a atenção sobre as pessoas que trânsitam a pé nas vias, inclusive, através dos espelhos lateriais e retrovisor. Dica: "Qualquer direcionamento suspeito, para o local de embarque, empreenda fuga."

    4.1 - Ao perceber qualquer movimentação suspeita de pedestres ao local de embarque, no momento que o passageiro está embarcando , de o alerta ao passageiro para ele embarque rapidamente.

5 - Quando estiver em trânsito, observe os carros e motos que possuam comportamento anormais;

    5.1 - Veículos podem te seguir para efetuar o assalto. De dia fica mais difícil perceber essa manobra, apenas muita atenção sobre a situação pode servir de forma preventiva. A noite devido a redução do volume do veículos e pedestres fica mais fácil a visualização de veículos (carros, motos e bicicletas) suspeitos. Dica: "Por isso é importante manter a mesma região de trabalho, para que você possa conhecer bem as vias"

    5.2 - Sempre que possível, reduza sempre os espaços do seu lado esquerdo, ao máximo, evitando deixar um corredor por onde podem passar, motos bicicletas e pedestres.

6 – Depois das 22:00hr evite pegar passageiro solto na rua. A noite os passageiros mudam seus hábitos e sempre saem de algum lugar (Bar restaurante, hotel, etc.) aguardando a chegada do veículo. Chamo isso de "Passageiro com origem". Dica: "Por isso é importante manter o trabalho sempre dentro de uma determinada região para que você possa conhecer o perfil dos passageiros."

6.2 – Ao chegar em ruas escuras, acenda os faróis alto, verifique o entorno. Se necessário passe duas vezes pelo local para sua avaliação.

7 – Quando você se direciona ao local de embarque, verifique o destino por quê, caso o passageiro acrescente paradas ou mude o local de destino, pare o veículo e faça uma breve avaliação dessas alterações. Se julgar suspeito, não hesite em cancelar a corrida.

8 – Quando chegar ao embarque e o passageiro não estiver no local acione o "eu cheguei", aguarde aquele tempo necessário que o aplicativo oferece, geralmente de 3 minutos. Caso sinta insegurança cancele sem hesitar.

9 – No momento de desembarque fique atento ao entorno, principalmente em locais escuros. Enquanto o passageiro desembarca fique atento a toda movimentação, observe sempre os espelhos e o retrovisor.

10 – Para você que trabalha a noite e madrugadas não fique parado sem necessidade nos faróis. Claro não passe os faróis verdes ou vermelho de forma imprudente. Vá devagar, e observe os dois lados e passe em segurança.

10.1 – Quando o farol ficar vermelho e você ainda está com o veículo em movimento evite parar próximo as faixas de pedestres, evite também ficar mexendo no celular, isso tira sua atenção do que ocorre ao redor.

11 – Qualquer atitude suspeita, sempre acredite que pode ser ou ocorrer algo e tome suas atitudes preventivas. O tempo é curto para um avaliação detalhada da situação, logo, creia sempre que poderá ocorrer algo.

11.1 – Quando alguém pular na frente do seu carro com clara intensão e atitudes suspeitas, não hesite em direcionar o veículo na direção do suspeito e acelere. O elemento surpresa passa a ser seu e caso ocorra o atropelamento, não pare, siga em frente até encontrar uma unidade policial.

12 – Mantenha sempre as opções de gravação de áudio e vídeo que os aplicativos oferecem. É extremamente importante você possuir essa "caixa preta" com os registros das corridas.

13 – O conceito de aceitar todas as corridas é equivocado. Aceite corridas somente para onde você tenha a certeza que não é uma área de risco. Na dúvida, não vá. Afaste-se de regiões de risco se você as desconhece.

14 – Outro Conceito importante é "Não deixe seu combustível próximo ou na reserva." Você pode se deslocar para determinado local e ficar sem combustível, isso te coloca em situações de risco de acordo com a região que se encontra.

15 – Caso no meio de uma corrida o passageiro tenha um mal súbito procure uma unidade policial ou ligue para os serviços de emergência. Pare o carro em local seguro e movimentado. Nunca abandone o passageiro, a partir do momento que ele entra no seu veículo e você inicia a corrida, a segurança dele é de sua responsabilidade.

16 – Passageiro que demonstrar alterações de comportamento durante a corrida com atitudes suspeitas, procure se direcionar a uma unidade policial, pare o veículo e solicite ao passageiro que desça do mesmo. Ou uma forma mais rápida é, finja que o veículo apresentou problema mecânico. Informe ao passageiro que encerrará a corrida e que ele deve solicitar outro veículo. Em ambos os casos avise de imediato os aplicativos.

17 – o Assédio está cada vez maior sobre os motoristas de aplicativo, para lidar com isso temos que manter a calma e a educação. Se for um assédio mais intenso, verifique se o aplicativo está gravando os sons da corrida, procure uma unidade policial e solicite ao passageiro que desça do veículo. Informe imediatamente o caso ao aplicativo.

3.3 Como agir em casos de incidentes ou emergências

Apesar das medidas de segurança adotadas pelo Uber, é importante que tanto os passageiros quanto os motoristas saibam como agir em casos de incidentes ou emergências durante uma viagem.

Em situações de perigo iminente, o botão de emergência no aplicativo de mobilidade deve ser acionado. Isso permitirá que o usuário entre em contato diretamente com as autoridades locais e solicite ajuda imediata.

Caso ocorra algum problema durante a viagem, é recomendado que o passageiro ou o motorista registre uma reclamação através do aplicativo. As empresas de mobilidade levam todas as reclamações muito a sério e tomará as medidas necessárias para investigar e resolver qualquer problema relatado.

É importante lembrar que a segurança é responsabilidade tanto do motorista quanto dos usuários do serviço. Portanto, é essencial que todos sigam as diretrizes e políticas estabelecidas para garantir uma experiência segura e confiável para todos.

Capítulo 4

Direitos trabalhistas

Neste capítulo, vamos abordar um tema de extrema importância para os motoristas de aplicativos: OS DIREITOS TRABALHISTAS.

É fundamental que você, como motorista, esteja ciente das leis e regulamentações que se aplicam à sua atividade, a fim de garantir seus direitos e proteger-se legalmente.

4.1 Legislação trabalhista aplicada aos motoristas de aplicativos

A legislação trabalhista é um conjunto de normas que regula as relações entre empregadores e empregados. No caso dos motoristas de aplicativos, existe uma discussão em andamento sobre o enquadramento desses profissionais como autônomos ou como funcionários da empresa.

Atualmente, a maioria dos países considera os motoristas de aplicativos como prestadores de serviços autônomos, o que significa que eles não têm vínculo empregatício com a empresa. Isso implica em algumas consequências importantes, como a falta de direito ao salário-mínimo, férias remuneradas e benefícios trabalhistas.

No entanto, em alguns países e jurisdições específicas, tem havido avanços na legislação para reconhecer os motoristas do Uber como funcionários da empresa. Isso garante a eles uma série de direitos trabalhistas, incluindo salário-mínimo, horas extras remuneradas e acesso a benefícios sociais.

Mas há um problema nisso, as empresas irão exigir muito mais dos motoristas como metas, horários, tempo de direção. Outro ponto são as pessoas que utilizam os aplicativos para trabalharem como complemento de renda, conhecido como "bico". Se esses continuarem nas plataformas irão tornar mais árdua as tarefas daquele que dirigem profissionalmente.

Lembre-se: "**Quantos mais benefícios, maior será a cobrança.**"

É importante ressaltar que as leis podem variar dependendo do país e até mesmo dentro de diferentes estados ou cidades. Por isso, é essencial estar atualizado sobre as regulamentações específicas da sua localidade.

Lembrando que ao entrar nos aplicativos você deu o "ok" ou "assinou" o contrato de prestação de serviço do aplicativo para o motorista e não o motorista para o aplicativo. O aplicativo é o facilitador que faz o contato entre o contratante "passageiro" e o contratado "motorista", essa é a relação.

4.2 Orientações sobre como se proteger legalmente como motorista de aplicativo

Como motorista de aplicativo, é fundamental que você esteja ciente dos seus direitos e saiba como se proteger legalmente. Aqui estão algumas orientações importantes:

- Mantenha registros detalhados: É essencial manter registros precisos de todas as suas atividades como motorista, incluindo
horários de trabalho, quilometragem percorrida, ganhos e despesas relacionadas à sua atividade. Esses registros podem ser úteis em caso de disputas ou problemas legais.

- Conheça as políticas da empresa: Familiarize-se com as políticas das empresas de mobilidade em relação aos motoristas e passageiros. Isso inclui saber quais são os requisitos para se tornar um motorista, quais são as regras de conduta durante as viagens e quais são os procedimentos em caso de incidentes ou reclamações.

- Esteja ciente das leis locais: Como mencionado anteriormente, as leis podem variar dependendo da sua localidade. Portanto, é importante estar atualizado sobre as regulamentações específicas do seu país, estado ou cidade.

Capítulo 5

Crescimento profissional nos aplicativos

No capítulo anterior, discutimos sobre como se tornar um motorista do Uber e maximizar seus ganhos na plataforma. Agora, vamos explorar as oportunidades de crescimento profissional, como você pode transformar seu trabalho em uma carreira bem-sucedida.

5.1 História inspiradora de motoristas que alcançaram sucesso na plataforma

Neste tópico, vou compartilhar algumas histórias inspiradoras de motoristas de Uber que conseguiram transformar seu trabalho em uma carreira próspera. Essas histórias são exemplos reais de pessoas comuns que encontraram oportunidades únicas dentro da plataforma e souberam aproveitá-las ao máximo.

Vamos conhecer a história de João (nome ficcional), um motorista de aplicativo que começou como um simples condutor que iniciou pela categoria básica dos aplicativos conhecida como X ou POP. Quando adquiriu mais familiaridade com a nova profissão, logo percebeu o potencial de crescimento na plataforma. Decidiu investir em um carro mais confortável e moderno para atrair passageiros premium migrando para a categoria Confort e Black. Ele também se dedicou a melhorar sua classificação e receber feedback positivo dos passageiros.

Com o tempo, João construiu uma base sólida de clientes fiéis e começou a receber solicitações regulares para viagens mais longas ou eventos especiais. Usou o NETWORKING que construí devido ao seu bom relacionamento com os passageiros e percebeu a possibilidade de prestação de serviço diretamente aos usuários com serviço particular de Leva e Traz, de viagens, deslocamento de idosos, casamentos e até mesmo animais. Serviços agendados, o que facilitou e impulsionou a melhorar sua renda.

Temos também o caso de Valdirene (Nome ficcional), que juntou a fome com a vontade de comer. Ela percebeu a demanda de seus passageiros por alimentação em determinados horários. Como uma pessoa criativa na cozinha elaborou um pequeno cardápio que deixava fixado nos bancos do veículo oferecendo docinhos, bolos, sobremesas e sanduíches naturais além de sucos.

Sua estratégia foi um sucesso porque as pessoas a observavam como uma motorista cuidadosa o que automaticamente os levavam a certeza de que ela também era cuidadosa na cozinha com muito asseio e qualidade em seus produtos.

Essa é apenas uma das muitas histórias de sucesso que podemos encontrar entre os motoristas de aplicativos. Cada história é única e inspiradora, mostrando como a plataforma pode ser uma oportunidade real de crescimento profissional e empreendedorismo para aqueles que estão dispostos a se dedicar e explorar todas as possibilidades.

5.2 Dicas para transformar o trabalho no Uber em uma carreira bem-sucedida

Agora que você conheceu algumas histórias inspiradoras, vamos discutir algumas dicas práticas para transformar seu trabalho como motorista de aplicativo em uma carreira bem-sucedida. Essas dicas foram compiladas com base na experiência de motoristas experientes e podem ajudá-lo a alcançar seus objetivos profissionais.

1. Invista em um veículo adequado: Ter um carro confortável e moderno pode atrair mais passageiros e melhorar sua classificação. Considere investir em um veículo novo ou fazer melhorias no seu carro atual para oferecer uma experiência de viagem superior.

2. Mantenha-se atualizado sobre promoções e bônus: Os aplicativos de mobilidade frequentemente oferecem promoções especiais e bônus para motoristas durante períodos de alta demanda. Fique atento às notificações do aplicativo e aproveite essas oportunidades para aumentar seus ganhos.

3. Construa relacionamentos com os passageiros: Ser amigável, educado e prestativo com os passageiros pode render ótimas avaliações e comentários positivos, o que pode atrair mais clientes e criar um networking para seu próximo passo. Lembre-se de tratar cada passageiro como um cliente VIP e faça o possível para garantir uma viagem segura e confortável.

4. Esteja disposto a aprender e se adaptar: O mercado dos motoristas de aplicativos está em constante evolução. Esteja aberto a aprender novas estratégias, tecnologias e tendências que possam melhorar sua performance como motorista de aplicativo.

Lembre-se de que transformar seu trabalho como motorista de aplicativo em uma carreira bem-sucedida requer tempo, esforço e dedicação. Não desanime diante dos desafios e esteja sempre disposto a se adaptar às mudanças do mercado.

5.3 Explorando outras oportunidades dentro da plataforma

As plataformas de mobilidade também oferecem outras oportunidades de trabalho para otimizar seu dia. O transporte de pequenas encomendas também se mostra lucrativas.

Há apenas alguns pontos que devemos ressaltar. Ao pegar uma encomenda solicite ao remetente que esteja já no local para te entregar o pacote. Se informe sobre o que contém a caixa e só leve produtos lícitos para evitar problemas com a autoridades policiais.

Chegando no destinatário já entre em contato para que o mesmo esteja pronto no local para a retirada do produto. Uma atenção especial é necessária para a finalização da corrida, o código da entrega que está com o destinatário. Uma IMPORTANTE OBSERVAÇÃO é que antes de entregar a mercadoria solicite esse código, isso irá comprovar que você está entregando para a pessoa correta e garantirá a agilidade necessária para a finalização da corrida.

Capítulo 6

Pelo mundo dos motoristas de aplicativos

6.1 Recursos e ferramentas úteis para motoristas do Uber

Bem-vindo ao capítulo 6 do livro "Sou Uber, e agora?". Neste capítulo, vamos explorar os recursos e ferramentas úteis disponíveis para os motoristas do Uber. Como um motorista de aplicativo, é essencial estar familiarizado com as diferentes opções que podem ajudá-lo a melhorar sua experiência na plataforma.

A ferramenta útil é o Waze ou Google Maps. Esses aplicativos de navegação podem ajudá-lo a encontrar rotas mais eficientes, evitar congestionamentos e chegar ao destino dos passageiros no menor tempo possível. Além disso, eles também fornecem informações em tempo real sobre acidentes, obras na estrada e outras condições que possam afetar sua rota.

Para garantir a segurança tanto dos passageiros quanto sua própria, é importante ter um kit básico de limpeza no carro. Isso inclui lenços desinfetantes, álcool em gel e sacos plásticos para descarte adequado de lixo. Manter seu veículo limpo e higienizado é fundamental para proporcionar uma experiência positiva aos passageiros.

Além disso, considere investir em um suporte para celular. Isso permitirá que você mantenha o telefone no campo de visão, facilitando a visualização das solicitações de viagem e a navegação durante as corridas. Existem várias opções disponíveis no mercado, desde suportes magnéticos até suportes com ventosa. OBS.: Prefira os magnéticos.

Câmeras de segurança também são uma excelente opção. Há aplicativos que ofertam gratuitamente outros cobram um taxa semanal e ainda há a possibilidade de você comprar a sua. Lembrando a maioria dos países possuem uma Lei Geral de Proteção de Dados, o que tornar o armazenamento seguro dessas imagens e sons uma obrigação.

6.2 Dicas para melhorar sua performance como motorista

Agora que você está familiarizado com as ferramentas úteis disponíveis, vamos explorar algumas dicas práticas para melhorar sua performance como motorista de aplicativo.

Em primeiro lugar, é importante manter uma boa comunicação com os passageiros. Cumprimente-os educadamente quando entrarem no carro e esteja aberto para conversar durante a viagem, caso eles queiram interagir. Lembre-se de respeitar a privacidade dos passageiros e evite assuntos polêmicos ou ofensivos.

Dirija de forma segura e responsável. Respeite as leis de trânsito, evite acelerar ou frear bruscamente e mantenha uma distância segura dos outros veículos. Esteja sempre atento aos pedestres e ciclistas ao seu redor.

Outra dica importante é conhecer bem a cidade em que você está dirigindo. Familiarize-se com as principais ruas, avenidas e pontos de referência. Isso ajudará você a encontrar rotas mais eficientes e evitará que você dependa exclusivamente do GPS. Por isso recomendo que limite uma área de trabalho assim se familiarizar com a região e o perfil do público.

Esteja preparado para lidar com situações desafiadoras no trânsito. O trânsito pode ser imprevisível e você pode encontrar engarrafamentos, obras na estrada ou acidentes durante as corridas. Mantenha a calma nessas situações e tente encontrar rotas alternativas sempre que possível.

Por fim, lembre-se de cuidar de si mesmo. Dirigir por longos períodos podem ser cansativo, então faça pausas regulares de quatro em quatro horas para descansar e se alimentar adequadamente. Mantenha-se hidratado e não dirija sob o efeito de álcool ou drogas.

6.3 Dicas de medidas preventivas para otimizar sua segurança nas ruas

A segurança nas ruas também, através de medidas preventivas, é um item importante.

A seguir algumas dicas:

1.Tranque as portas: Sempre mantenha as portas do veículo trancadas, mesmo quando estiver dirigindo. Isso impede que ladrões possam entrar enquanto você está parado no trânsito.

2.Vidros fechados: Mantenha os vidros do carro fechados para dificultar o acesso de ladrões.

3.Evite distrações: Fique atento ao seu ambiente e evite distrações, como usar o celular, que podem deixá-lo vulnerável a abordagens de ladrões.

4.Não exiba objetos de valor: Evite deixar objetos de valor à vista no carro, como bolsas, laptops ou celulares. Guarde esses itens no porta-malas antes de estacionar.

5.Estacione em locais seguros: Opte por estacionar em áreas bem iluminadas e movimentadas. Evite lugares isolados ou com histórico de problemas de segurança.

6.Use alarme: Tenha um sistema de alarme eficiente instalado no veículo para dissuadir possíveis ladrões.

7.Trave o volante: Utilize dispositivos de segurança, como travas de volante, para dificultar a condução do veículo por ladrões.

8.Mantenha distância: Mantenha distância de outros veículos em paradas, para que você tenha espaço para manobrar caso se sinta ameaçado.

9.Em caso de faróis vermelhos, nunca pare próximo a faixa de pedestre. Caso os faróis a frente, fiquem vermelhos enquanto se desloca, reduza a velocidade o necessário para ir bem devagar na via e poder retomar a velocidade assim que eles abram.

10.Confira retrovisores: Verifique regularmente os retrovisores para estar ciente de seu entorno e de possíveis abordagens suspeitas.

11.Siga o instinto: Se algo não parece certo, confie no seu instinto e afaste-se do local. Lembre-se de que a prevenção é essencial.

Seguindo essas medidas, você pode reduzir significativamente o risco de furto no trânsito.

6.4 Alcançando seus objetivos como motorista do Uber

Agora que você está familiarizado com os recursos e ferramentas úteis disponíveis, bem como algumas dicas para melhorar sua performance como motorista de aplicativo, vamos falar sobre como alcançar seus objetivos na plataforma.

Em primeiro lugar, defina metas claras para si mesmo. Pergunte-se o que você espera alcançar como motorista de aplicativo. Pode se ganhar uma renda extra, economizar dinheiro para uma viagem especial ou até mesmo transformar seu trabalho em uma carreira em tempo integral. Ter metas claras ajudará a manter o foco e a motivação ao longo do caminho.

Aproveite ao máximo as horas de trabalho com um bom posicionamento e estratégia. Durante certos horários do dia, a demanda por corridas é maior e isso pode resultar em ganhos mais altos. Esteja disponível durante esses horários e esteja preparado para aceitar o maior número possível de corridas dentro de sua região de atuação.

A estratégias desenvolvidas na questão horário de trabalho, cada um tem que se adequar a que mais atende seus objetivos. No ebook "Seu Carro, Seu Negócio" temos toda uma estratégia montada e analisada com as partes técnicas e práticas do dia a dia do motorista de aplicativo.

Utilize todas as informações passadas para melhorar sua forma de trabalho e consequentemente sua vida. Um bom trabalho e excelentes corridas!

O autor do livro, que é um motorista do Uber experiente, compartilha suas próprias experiências e conhecimentos adquiridos ao longo dos anos, oferecendo insights valiosos e conselhos práticos para os leitores.

"Sou Uber, e agora?" também aborda questões importantes relacionadas à segurança dos motoristas e passageiros, fornecendo dicas sobre como lidar com situações de risco e como se proteger de possíveis incidentes.

Além disso, o livro explora as diferentes estratégias de ganhos no Uber, incluindo dicas sobre como maximizar os lucros através da escolha das melhores áreas para dirigir e a utilização de técnicas eficazes para atrair mais passageiros.

Com uma abordagem abrangente e detalhada, "Sou Uber, e agora?" é um guia completo que ajudará os motoristas do Uber a alcançarem o sucesso em sua carreira. Seja você um motorista iniciante ou experiente, este livro será uma ferramenta valiosa para melhorar sua performance na plataforma.

PARA CONHECER MAIS, NOS SIGA E CURTA EM NOSSAS REDES SOCIAIS.

@motivadriver

YouTube
http://www.youtube.com/@motivadriver

TikTok
http://www.tiktok.com/motivadriver

Instagram
http://instagram.com/@motivadriver

Capítulo 5: Crescimento profissional no Uber

5.1 Histórias inspiradoras de motoristas que alcançaram sucesso na plataforma

5.2 Dicas para transformar o trabalho no Uber em uma carreira bem-sucedida

5.3 Explorando outras oportunidades dentro da plataforma

Capítulo 6: Pelo mundo dos motoristas de aplicativos

6.1 Recursos e ferramentas úteis para motoristas do Uber

6.2 Dicas para melhorar sua performance como motorista

6.3 Dicas de medidas preventivas para otimizar sua segurança nas ruas

6.4 Alcançando seus objetivos como motorista do Uber

Capítulo 1

Introdução

Bem-vindo ao livro "Sou Uber, e agora?", um guia completo para motoristas das plataformas de mobilidade como Uber, Lyft, 99, etc.

Neste capítulo introdutório, vamos explorar o que é o Uber, como se tornar um motorista e os benefícios e desafios de fazer parte dessa comunidade.

1.1 O que é o Uber?

O Uber é uma empresa de tecnologia que conecta motoristas particulares a passageiros através de um aplicativo móvel. Fundada em 2009, a empresa revolucionou a forma como as pessoas se locomovem nas cidades ao redor do mundo. Com apenas alguns toques na tela do celular, os passageiros podem solicitar um carro para serem transportados com segurança e conveniência.

O Uber oferece diferentes categorias de serviço, desde carros econômicos até veículos mais luxuosos. Os preços são calculados com base na distância percorrida e no tempo de viagem, proporcionando aos passageiros uma alternativa acessível e eficiente aos táxis tradicionais.

1.2 Como se tornar um motorista do Uber

Se você está interessado em se tornar um motorista do Uber, existem alguns requisitos básicos que precisam ser atendidos. Primeiro, você precisa ter pelo menos 21 anos de idade e possuir uma carteira de habilitação válida há pelo menos um ano. Além disso, seu veículo deve atender às especificações exigidas pela empresa.

O processo de inscrição no Uber é simples e pode ser feito através do aplicativo ou do site oficial da empresa. Você precisará fornecer informações pessoais, documentos